© 2003, l'école des loisirs, Paris
Loi numéro 49 956 du 16 juillet 1949 sur les publications
destinées à la jeunesse : mars 2003
Dépôt légal : mars 2005
Imprimé en France par Aubin Imprimeur à Poitiers

Alan Mets

Brosse et Savon

l'école des loisirs
11, rue de Sèvres, Paris 6e

Aujourd'hui, il fait chaud, Gilles part se baigner.

Ce matin, il fait beau, Jules va à la rivière.

Splatch ! « La boue est si douce ! » dit Jules.

« C'est si bon de faire la planche », se dit Gilles en souriant.

« C'est si bon de faire la sieste », se dit Jules en s'endormant.

« Et maintenant, un petit bain de soleil »,
soupire Gilles en bâillant.

« Ron ron ron ! » fait Jules.

« Quel horrible bruit ! » grogne Gilles. « Impossible
de fermer l'œil. »
« Ron Ron Ron ! » fait Jules.
« Quelle affreuse odeur ! Mais quelle vilaine bête !
Chut ! Tais-toi ! »
« RON ! RON ! RON ! » fait Jules.

« Arrête de ronfler ! » hurle Gilles.
« Tu cherches la bagarre ? » demande Jules.

« Silence, espèce d'horrible monstre puant ! » dit Gilles.
« Va plutôt prendre un bain ! »

« Moi ! Un horrible monstre puant ? » ricane Jules.
« Tiens, prends ça, mon minable petit loup ! »

« Chut ! J'entends des filles ! » dit Gilles.
« Cachons-nous ! » dit Jules.

« C'est ma sœur ! » chuchote Gilles.
« C'est ma sœur ! » chuchote Jules.

« Grroar ! Je suis l'horrible monstre puant ! »
« Bouh ! Je suis le super-méga-grand méchant loup ! »

« Ha ha ha ! Nous, on adore faire peur aux filles ! »

« Oh ! Les dégoûtants ! »
gronde le père de Gilles.
« Une seule solution : brosse et savon ! »
dit le père de Jules.